Das Vaterunser

Bildinhalte von Brigitte Hanhart
Text Seite 32 von Brigitte Hanhart und Kurt Baumann

 Lithographie: Photolitho AG, Gossau ZH
Satz: Lettrafot, Zürich. Gesetzt in der Futura Buch. Druck: Druckerei Uhl, Radolfzell
ISBN 3 314 00008 1

9. Auflage 1996

Das Vaterunser

Brigitte Hanhart und Bernadette

Nord-Süd Verlag

Vater unser im Himmel

Geheiligt werde Dein Name

Dein Reich komme

Dein Wille geschehe auf Erden

8+6=

wie im Himmel

252

Unser täglich Brot gib uns heute

Und vergib uns unsere Schuld

wie auch wir vergeben unsern Schuldigern

Und führe uns nicht in Versuchung

Sondern erlöse uns von dem Bösen

Denn Dein ist das Reich

Und die Kraft

Und die Herrlichkeit

In Ewigkeit. Amen

Liebe Leser!

Das VATERUNSER ist das älteste und schönste Gebet, das wir kennen. Aber es ist kein einfaches Gebet. Die Bilder, die wir dazu gemacht haben, sind deshalb nicht bloß zum Schmuck da. Sie wollen hinweisen auf das, was die Worte meinen. Damit sie niemand gedankenlos hersagt. Und damit niemand vergißt, daß er selbst das Übel in der Welt ein wenig lindern kann, wenn er nur daran denkt. Dazu soll dieses Buch dienen.

Die Bilder werdet Ihr schon verstehen. Hier noch einige Hinweise: Vor dem Einschlafen, abends, kannst Du draußen die Vögel zwitschern hören. Sie sitzen auf Bäumen und Hausdächern. Aber immer wieder flattern sie auf, fliegen empor.

So weisen sie dem Gedanken den Weg: UNSER VATER, DER DU BIST IM HIMMEL –

DEIN NAME WERDE GEHEILIGT. Christus sagt: Was ihr einem dieser meiner geringsten Brüder tut, das habt ihr an mir getan. So heiligen wir seinen Namen, indem wir den Armen beistehen. Den Hungernden, Frierenden, Kranken, den Unterdrückten, den alten Leuten, die einsam sind und sich nicht selber helfen können. Gott will nicht, daß sie leiden müssen. Denn vor ihm sind alle Menschen gleich.

DEIN REICH KOMME. Wenn auch für uns alle Menschen gleich sind, wenn es keine Feinde mehr gibt, nicht mehr arm und reich, und wenn auch die Menschen anderer Hautfarbe unsere Brüder sind, dann ist sein Reich gekommen. Die Mächtigen sollen nicht mehr über die Schwachen triumphieren wie der Löwe über das Zicklein. Das ist sein Wille.

DEIN WILLE GESCHEHE AUF ERDEN WIE IM HIMMEL. Wir müssen lernen, daß alle Menschen zusammen eine einzige große Familie sind. Im kleinen beginnt es. Aber wenn jeder sich darum bemüht, können alle glücklich werden. Und das Schwere, Unvermeidliche müssen wir annehmen, so wie die Erde Regen und Hagel annimmt.

Denn wir sind nicht mächtig. Gegen den Tod können wir nichts. Aber noch leiden viele unter uns Hunger, da andere im Überfluß leben. Gebt ihnen davon, damit auch sie leben können. GIB UNS HEUTE UNSER TÄGLICH BROT!

UND VERGIB UNS UNSERE SCHULDEN – Wenn wir nicht teilen mit jenen, die Not leiden, machen wir uns schuldig.

Und wieviel schuldiger machen wir uns, wenn wir ihnen ihr Nötigstes nehmen, damit es uns besser geht. Wir müssen ihnen helfen, damit auch sie sagen können: WIE AUCH WIR VERGEBEN UNSEREN SCHULDNERN.

UND FÜHRE UNS NICHT IN VERSUCHUNG. Aber wir lassen uns von allem versuchen. Immer ist es so, daß wir haben wollen. Wir nehmen – und vergessen, daß wir zum Geben da sind. So groß ist diese Versuchung, daß der Mensch gelernt hat den Menschen zu fürchten. Auch die Tiere haben es gelernt, und die Natur leidet am meisten unter unserer Habgier.

Erlöse uns davon, ERLÖSE UNS VON DEM BÖSEN. Damit wir uns nicht mehr weiter verirren.

DENN DEIN IST DAS REICH. Und in ihm alle Geschöpfe der Erde. Die Pflanzen, die Tiere wie die Menschen. Und unter den Menschen gehört keiner dem Reich Gottes weniger an als der andere. Sei gut zu den Geschöpfen – und zu den kleinen zuerst.

Auch die KRAFT und die HERRLICHKEIT Gottes zeigt sich in den kleinen und sanften Dingen mehr als in den lauten. So wie es mehr ist, wenn unter dem Schnee die Gräser keimen, als wenn der Donner erschallt. Und wie das Kind im Schoß der Mutter mehr ist als alles, was Menschen erfinden können. Es ist ein Ebenbild Gottes.